Eugène Lerminier

De l'histoire politique

Essai

ISBN : 978-1976474521

10 9 8 7 6 5 4 3 2 1

Eugène Lerminier

De l'histoire politique

Essai

Table de Matières

De l'histoire politique

De nos jours, les intérêts sont positifs et intolérants, les idées sont vagues et indécises. Dans la sphère des intérêts, chacun se rend compte avec exactitude de ce qu'il convoite et de ce qu'il craint ; dans la région des idées, tout est livré au hasard, au désordre, à la légèreté, à l'indifférence. Nous avons sous les yeux des systèmes faux, des théories creuses, des conceptions folles. Qu'importe ? On s'estimerait dupe si l'on se surprenait à vouloir venger le bon sens et soutenir la cause du vrai. Au milieu du concours et des luttes de tous ces intérêts qui s'exaltent et se supplantent, un seul est peu courtisé, l'intérêt général : négligence funeste, qui, en politique, amène la torpeur, et qui, en littérature, laisse triompher la licence.

Sur cette pente, tout dégénère et se déprave. Quand Athènes produisait Phidias et Platon, quand Paris lisait Descartes et applaudissait Corneille, les esprits étaient possédés de l'amour du beau et de la passion du vrai. Où trouver, de nos jours, ces deux sentiments sans lesquels la pensée languit ou se corrompt ? La critique ne peut juger la société et les lettres que sur les faits qui se manifestent. Sans doute il y a des intelligences restées fidèles au culte du beau et de la vérité, nous aimons à penser que, surtout dans la jeunesse, ce culte a de nombreux croyants encore : à nos yeux, l'avenir n'est pas désespéré ; mais, à considérer les choses telles qu'elles se comportent en ce moment, jamais il n'y eut plus de désordre dans les imaginations. Il n'est qu'un point sur lequel s'accordent tous ces esprits qui nous donnent le spectacle d'une agitation si souvent stérile, c'est qu'en rien il n'y a de règle générale et stable. On dirait que les régions de l'art et de la pensée sont comme un vaste désert dans lequel ne s'élève pas une seule colonne, un seul monument, pour avertir ceux qui s'y aventurent. On ne relève que de sa fantaisie ; de tous ses caprices on se compose une poétique, et l'on est soi-même son législateur. *Sit pro ratione voluntas*, tel est le seul principe debout dans la république des lettres, qui n'en reconnaît plus.

Cette substitution de la fantaisie à la nature des choses a précipité la chute du drame moderne ; elle prépare aujourd'hui celle du roman. Cependant jamais, à aucune autre époque, le roman n'a été entrepris ni traité par une plus brillante élite de talents vigoureux. Tandis que l'auteur d'*Eugénie Grandet* nous montrait des intérieurs de famille admirablement mis en relief, une femme trouvait à la passion des accents, et peignait la nature dans des tableaux que n'eût pas désavoués Jean-Jacques. Un instant on put croire que l'auteur de *Mathilde* se proposait sérieusement d'être l'émule de Richardson ; enfin un dramaturge habile et véhément se mit à consacrer avec bonheur au conte et au roman la verve qui l'avait fait applaudir au théâtre. Pourquoi donc avons-nous vu ces écrivains, au milieu de leurs succès, faiblir ou s'égarer ? Par quelle raison principale et décisive le roman, sous leur plume, a-t-il dégénéré en descriptions interminables, en dissertations philosophiques, sociales, en un amas d'aventures invraisemblables, de caricatures odieuses et non comiques, en récits dont les incohérences et la prolixité effacent si souvent les impressions favorables données par le début ? Quelle est la cause de toutes ces déviations ? Elle est tout entière, à notre avis, dans l'oubli où vivent plus que jamais les écrivains touchant des règles et des lois qu'on n'enfreint pas impunément. Les romanciers souriront, si ces lignes tombent sous leurs yeux. Des règles au roman, l'enfant désordonné de l'imagination ! Mais le roman n'est-il pas un champ ouvert à tous les caprices ? N'est-ce pas là ce qui le rend si cher à l'irréflexion des écrivains ? N'est-ce pas là le triomphe, l'excellence du genre ? Sur cette illusion, on s'embarque, on s'aventure, on se laisse dériver, on s'épuise en efforts impuissants pour gagner un port ; en dépit du talent le plus industrieux, on se trouve à bout de voies et de moyens, on n'inspire plus qu'une curiosité très voisine de la compassion, et il arrive qu'on est à la fois en possession de la vogue et des dédains du lecteur.

Mais c'est l'histoire, et non pas le roman, qui doit nous occuper ici. La littérature historique n'est pas aujourd'hui sans courir d'assez sérieux dangers. Il semble qu'on se propose de traiter l'histoire comme on a fait du drame et du roman. Nous n'entendons point parler des compilations innombrables dont on nous encombre chaque jour : de tout temps, il y a eu des compilateurs, mais de tout temps aussi ceux qui aiment vraiment l'histoire les ont complètement ignorés. Les dangers que nous dénonçons viennent de plus haut, car ils ont pour cause les erreurs du talent et de l'esprit. En effet, si on entreprenait d'écrire l'histoire avec des dispositions et des aptitudes plus contraires qu'utiles à la véritable intelligence des faits, avec plus d'ardeur dans la sensibilité que de rectitude dans le jugement, si d'un autre côté certains hommes se proposaient de tourner un récit historique en justification d'opinions et de théories dont ils seraient entêtés n'y aurait-il pas pour l'histoire un grave péril, et ne risquerait-elle, pas de voir sa nature violentée et ses devoirs trahis ? Voilà cependant ce qui nous menace : l'imagination et l'esprit de parti sont aujourd'hui, pour l'histoire, une cause imminente de corruption et de décadence.

Il y a deux sortes d'imagination, celle qui éclaire la réalité, celle qui s'y substitue. Autant la première répand sur l'histoire une lumière heureuse, autant la seconde ne nous montre les faits et les hommes que sous un jour faux. Si cette dernière vous domine et vous mène, si un tempérament de poète vous assujettit à ses capricieuses exigences, jetez loin de vous la plume de l'histoire, ou plutôt ne la prenez pas, car les efforts même d'un talent mal appliqué aggraveraient vos méprises. Nous ne faisons guère que reproduire ici la pensée et les conseils d'un des plus illustres maîtres de l'antiquité. Il arrive parfois à Polybe de mêler à ses récits la critique des historiens ses devanciers. Ainsi, dans son second livre, après avoir raconté la guerre de Cléomène contre les Achéens, il explique pourquoi il a préféré le témoignage d'Aratus à celui de Phylarque, dont les descriptions diffuses et pathétiques lui sont suspectes, et il ajoute : « Il ne faut pas qu'un historien cherche à toucher ses lecteurs par du merveilleux, ni qu'il imagine des discours qui auraient pu se tenir, ni qu'il s'étende outre mesure sur les conséquences possibles de certains évènements. Il doit laisser cela aux poètes tragiques, se renfermer dans ce qui a été dit et fait véritablement, dût même l'importance de certaines choses lui paraître médiocre. La tragédie et l'histoire n'ont pas le même but : loin de là, leur visée est entièrement contraire. La tragédie se propose d'exciter l'admiration dans l'esprit des auditeurs, de les émouvoir par les discours les plus persuasifs et les plus touchants l'histoire ne saurait avoir d'autre dessein que d'instruire et de persuader par des discours et des actions véritables. Les tragiques, pour arriver aux effets qu'ils cherchent, se permettent la fiction, et trompent le spectateur : l'historien ne met en œuvre que le vrai, car il veut surtout être utile [1]. » Judicieuses paroles, dont la vérité semble croître encore en face des divagations qui trop souvent aujourd'hui usurpent le titre d'histoire. Nous aussi, nous avons nos Phylarques aux digressions mélancoliques, aux tirades larmoyantes. La critique s'abstient de les troubler ; mais la postérité, s'ils y arrivent, les jugera sévèrement.

L'esprit de parti est pour l'histoire un autre fléau. Distinguons l'esprit de chaque siècle d'avec l'esprit de parti. De siècle en siècle, l'esprit général du monde se modifie, se renouvelle, et l'humanité comprend mieux le passé à mesure qu'elle s'en éloigne ; aussi, ou elle en recommence les récits, ou elle redresse, elle corrige les jugements qu'elle a portés. Un pareil changement, loin d'altérer la justice du genre humain, l'étend et la confirme, et il n'a rien de commun avec l'inconsistance passionnée de l'esprit de parti. Pour ce dernier, il n'y a point de vérité, il n'y a que des intérêts. L'esprit de parti s'inquiète peu de s'instruire avec exactitude, avec sincérité, aux leçons et aux secrets du passé : il n'a d'autre souci que la domination du présent, et, pour la saisir, il défigurera la vérité, s'il le faut. Hommes et choses, révolutions religieuses et politiques, tout devra prendre une physionomie appropriée aux convenances de tel parti, de telle faction, de telle secte ; on fera mentir le passé, et les instruments de ce mensonge pourront être de bonne foi. Des esprits plus crédules que réfléchis, plus exaltés que vigoureux, s'imagineront bien mériter de leur pays et le leur époque en faisant de l'histoire un plaidoyer, un acte d'accusation, un libelle. Des démocrates ont, dit-on, découvert que jusqu'à présent l'histoire de la révolution française n'avait été écrite que par des bourgeois au profit de la bourgeoisie ; il s'agirait aujourd'hui de l'écrire au profit du peuple, et au flambeau des opinions qui ont succombé en 1793. Dans les rangs opposés, on racontera les temps écoulés depuis la réforme sous les inspirations du catholicisme le plus intolérant et le plus irrité, ou bien un prêtre journaliste improvisera des volumes pour ériger l'ancienne monarchie en archétype de tout gouvernement et de toute liberté. Au milieu de tous ces partis qui s'excommunient mutuellement et se combattent, je cherche en vain l'histoire ; elle n'habite pas les clubs, elle ne hante pas davantage les assemblées de certains dévots : les régions d'où elle contemple les choses humaines sont à la fois plus calmes et plus hautes.

Que du moins l'histoire conserve son équité et son indépendance ; qu'elle soit pour nous tous un refuge, une école toujours féconde en salutaires leçons, une digue contre l'erreur. Tous, hommes et partis, nous avons besoin de nous rejeter souvent dans le passé, afin de prend pour les épreuves du présent des forces nouvelles et des inspirations meilleures. Il serait triste que des conceptions chimériques ou des passions sans justice vinssent altérer et empoisonner ces sources vives de l'histoire où doivent se retremper les générations. Mais non ; tous ces assauts donnés à la raison publique ne l'ébranleront pas, et le génie national, si bien doué pour l'intelligence comme pour la composition de l'histoire, ne sera pas entraîné loin des voies droites et larges où depuis des siècles il s'est illustré. De temps à autre, des livres graves et consciencieusement médités témoignent que le génie historique est encore cultivé par des esprits que captive noblement l'unique amour du vrai. Parmi ces productions vraiment dignes d'estime, il est juste de remarquer l'ouvrage que M. Armand Lefebvre a consacré l'histoire de la diplomatie européenne pendant les quinze premières années du siècle [2]. Un jugement ferme, plutôt enclin à la sévérité qu'à l'indulgence, un style simple et concis, des faits intéressants et nombreux dont plusieurs jusqu'à présent étaient peu connus, habilement enchaînés, recommandent ce livre qui saura se concilier, nous n'en doutons pas, l'attention et les suffrages des hommes compétents en France et en Europe.

Enfin il était réservé à notre époque, par un contraste heureux avec tant de prétentieuses pauvretés, de produire une œuvre qui eût la puissance de préoccuper, d'émouvoir tous les esprits, d'ouvrir un vaste champ à la curiosité, à l'admiration, au dénigrement, à l'enthousiasme, à la critique. Nous n'avons pas ici, comme il y a quelques mois, à prédire un succès immense, et ce n'est pas non plus pour le constater que nous reparlons aujourd'hui du livre de M. Thiers. *Habent sua fata libelli.* La destinée de l'*Histoire du Consulat et de l'Empire* est des plus éclatantes : elle n'a plus qu'à poursuivre son cours. Ce que nous voudrions aujourd'hui, c'est de rendre compte des raisons qui ont si rapidement procuré à ce livre une popularité vive et soutenue. Devant une réussite pareille, il est bon de se recueillir pour en scruter les causes et la légitimité ; c'est

Eugène Lerminier

une étude qui peut-être ne sera pas inutile, eu égard surtout aux mauvaises tendances que nous signalions en commençant.

Dussions-nous être accusé d'une grande naïveté, nous dirons que le livre de M. Thiers n'a si fort réussi que parce qu'il est vraiment une histoire. On a été ravi de rencontrer un écrivain qui racontait au lieu de disserter, et qui s'attachait plus à instruire le lecteur qu'à lui inculquer ses opinions. Avec M. Thiers, on se trouve sur-le-champ au milieu des faits, on vogue incontinent en pleine mer. La phrase la plus simple ouvre le plus vaste des récits. *La journée du 18 brumaire venait de mettre fin à l'existence du directoire.* Tel est le début de M. Thiers ; il n'est pas ambitieux, et rappelle la manière dont Xénophon commence ses *Helléniques*. Μετά δέ ταῦτα, dit le continuateur de Thucydide. Où placer la vraie base d'une histoire politique, si ce n'est au milieu des faits ? Quelle est la matière de toute histoire, si ce n'est l'expérience du genre humain ? De cette expérience et non d'une théorie plus ou moins arbitraire doivent sortir des leçons qui seront d'autant plus frappantes sous la plume de l'historien, qu'il aura davantage laissé parler les faits. Plus un livre historique contiendra de faits dans un espace artistement mesuré, plus nous y trouverons savamment associés les évènements politiques, les révolutions religieuses, les exploits militaires, l'organisation administrative, en un mot les mœurs, les lois et les armes, plus ce livre remplira les conditions que la nature des choses et l'exemple les plus illustres maîtres assignent à la véritable histoire.

Qu'on ne nous reproche pas d'oublier ou de méconnaître ce qui depuis Voltaire et Vico s'appelle la philosophie de l'histoire ; seulement nous voudrions qu'on ne la confondit pas avec l'histoire même, sans laquelle d'ailleurs cette philosophie ne saurait exister. Si Machiavel et Montesquieu nous ont laissé sur l'antiquité, et notamment sur les Romains, des raisonnements excellents, des considérations ingénieuses, n'est-ce pas surtout parce qu'ils avaient pu étudier le vaste et sévère monument de Tite-Live ? L'écrivain de Padoue, dans son abondante et magnifique narration, déroule les évènements en homme plus préoccupé du soin de les faire bien connaître que du désir de les juger lui-même, et c'est précisément par cette sorte d'abnégation qu'il est grand et utile. Quel mécompte, pour nous autres modernes, si Tite-Live eût plutôt raisonné que conté ! Que de points obscurs ! que de faits perdus ! Heureusement les esprits supérieurs ont une netteté égale à leur force ; ils discernent du premier coup leur mission, leur but. En face des anciens temps de la république, Tite-Live ne s'est pas érigé en raisonneur, il a préféré le rôle de témoin impartial, et il lui est advenu de partager l'immortalité de cette Rome qu'il a su peindre avec une si éloquente vérité.

Chaque jour moissonne les derniers témoins de l'époque consulaire et impériale, les acteurs des quinze premières années de notre siècle. L'enfance des hommes qui ont quarante ans aujourd'hui a été affligée par les revers de la France et de Napoléon, sans pouvoir se rendre compte de ce douloureux spectacle. L'ignorance des générations qui nous pressent est plus grande encore, et nous dirions volontiers qu'avant le livre de M. Thiers elles connaissent mieux le siècle de Périclès ou celui de Louis XIV que l'époque napoléonienne. Cette lacune est aujourd'hui comblée. Grâce à un livre qui se trouve maintenant dans toutes les mains, les hommes qui sont en possession du présent, ceux qui disposeront de l'avenir, apprennent l'histoire d'un temps où a été fondée d'une manière impérissable l'égalité civile, et le nom de la France porté dans tous les coins de l'univers. Cette histoire, quand ils l'auront apprise, ils pourront la juger.

Un des principaux mérites du livre de M. Thiers est d'offrir une large et solide base à tous les commentaires, à toutes les spéculations, à tous les raisonnements politiques qui voudront se donner carrière sur cette grande époque. Il y a dans son ouvrage une telle abondance de faits et de points de vue qu'on y trouve même des armes contre les opinions, contre les solutions que parait préférer l'auteur. Pour M. Thiers, l'historien n'est pas un avocat, un souteneur de thèses ; il doit être le plus véridique comme le plus intelligent des témoins. Sans doute, ce témoin a reçu du spectacle des choses des impressions qu'il peut faire connaître ; mais, avant tout, il doit livrer tous les éléments du procès, jusqu'aux moyens de discuter ses propres sentiments L'impartialité de M. Thiers est inaltérable. S'il eût été possible que l'*Histoire du Consulat et de l'Empire* parût sans qu'on en connût l'auteur, on eût cherché avec curiosité quel était cet écrivain d'un esprit si équitable et si libre. Eh bien ! cet historien dont la sérénité, dont la justice vous charment,

Eugène Lerminier

vit depuis quinze ans au milieu des tempêtes de la vie politique, et il s'y est maintenu calme et sans fiel. Aussi, vous ne trouverez rien dans son livre qui ressemble à l'amertume condensée de Tacite. L'historien du consulat et de l'empire a plus d'admiration pour les grandeurs de la nature humaine que de colère contre ses bassesses. Jusque dans les condamnations les plus formelles qu'il prononce, perce l'indulgence philosophique d'un ministre qui connaît les hommes parce qu'il les a maniés. Il y a des historiens dont l'impartialité est chagrine ; celle de M. Thiers est bienveillante.

Si impartial qu'il soit, l'historien du consulat et de l'empire a cependant une affection qui lui tient fort au cœur : il aime Napoléon. Nous ne pensons pas que la France lui en sache mauvais gré. Se figure-t-on un écrivain abordant le magnifique sujet que traite en ce moment M. Thiers avec une antipathie systématique, avec une haine réfléchie pour l'homme qui, pendant vingt ans, a si vigoureusement tenu en haleine la renommée, la France et le monde ? Comment avec de pareils sentiments s'élever à l'équitable sérénité de l'histoire ? Sans doute, la France peut adresser de graves reproches à Napoléon ; elle peut lui appliquer cette parole de Tacite sur Pompée : *Quæ armis tuebatur armis amisit* [3] ; ce que par la guerre il avait su élever et défendre, il l'a perdu par la guerre. Toutefois, à la vue de l'indomptable héroïsme du conquérant et du long supplice qui a succédé à tant de triomphes, la France a pardonné, et le pardon s'est élevé jusqu'à l'apothéose. Sans doute, l'histoire doit être autre chose que l'écho de l'enthousiasme populaire, mais elle ne met pas non plus son orgueil à faire divorce avec les sentiments de la nation dont elle déroule les annales. Du fond de ces sentiments et de ces instincts, dégager ce qui est marqué au coin du bon sens ; au lieu de mépriser les opinions d'un peuple, en chercher les raisons, sans oublier d'en signaler les excès et les méprises, telle est la voie qui conduira plus sûrement que toute autre l'historien politique à la vérité.

L'intime sympathie de M. Thiers pour Napoléon ne sera donc pas une cause d'erreurs. On sent, pour ainsi parler, dans l'historien, une nature méridionale qui comprend merveilleusement un génie méridional. La peinture qu'a faite M. Thiers de l'admiration affectueuse qu'inspirèrent à la France les débuts du gouvernement consulaire est vive, elle a frappé tout le monde, on dirait l'impression

14

d'un contemporain représentait ce qu'il a vu lui-même. Il n'y a rien néanmoins d'exagéré dans le tableau que nous a présenté l'historien, et nous en trouvons la preuve dans un témoignage dont on ne saurait contester la sincérité. En 1800 vivait, dans une studieuse retraite, un homme d'une rare distinction d'esprit, dont on a depuis sa mort publié des *Pensées* et quelques lettres. Nous voulons parler de M. Joubert. Voici ce que, dans la première année de ce siècle, il écrivait de Montignac à Mme de Beaumont, qui habitait Paris : « Je ne vous parlerai pas aujourd'hui de Bonaparte, qui est un inter-roi admirable. Cet homme n'est pas parvenu il est armé à sa place. Je l'aime. Sans lui, on ne pourrait plus sentir aucun enthousiasme pour quelque chose de vivant et de puissant Ce jeu de la réalité, placée en son vrai point de vue, et que vous nommez illusion, quand elle, vous plaît et vous charme, ne s'opérerait dans notre âme, sans cet homme extraordinaire, en faveur de rien d'agissant. Je lui souhaite perpétuellement toutes les vertus, toutes les ressources, toutes les lumières, toutes les perfections qui lui manquent peut-être, ou qu'il n'a pas eu le temps d'avoir. Il a fait renaître ; non-seulement en sa faveur, mais en faveur de tous les autres grands hommes, pour lesquels il le ressent aussi, l'enthousiasme qui était perdu, oisif, éteint, anéanti : Ses aventures ont fait taire l'esprit et réveillé l'imagination. L'admiration a reparu et réjoui une terre attristée, ou ne brillait aucun mérite qui imposât à tous les autres. Qu'il conserve tous ses succès, qu'il en soit de plus en plus digne, qu'il demeure maître longtemps. Il l'est, certes, et il sait l'être. Nous avions grand besoin de lui ! Mais il est jeune, il est mortel, et je méprise toujours infiniment ses associés [4]. » M. Joubert n'est pas suspect par son esprit et par ses relations, il appartient plutôt à l'ancienne France qu'à la nouvelle. Les derniers mots du passage que nous avons cité décèlent sa haine pour les hommes et les choses de la révolution. Cependant il est subjugué, et ce penseur sent et parle comme le peuple. Il n'y avait qu'un cri en France, cri d'enthousiasme et d'amour pour l'homme qui nous tirait de l'abîme, et nous couvrait de sa glorieuse dictature.

Ces sentiments de la nation, l'état de la France à cette époque extraordinaire, la stupeur, l'admiration de l'Europe, tout cela voulait être peint franchement, à grands traits, et c'est ce qu'a fait M. Thiers. Il n'a pas été arrêté par la crainte d'être appelé

Eugène Lerminier

napoléonien, comme Tite-Live fut nommé le pompéien, d'autant plus qu'il était sûr de lui-même. Il savait bien que lorsqu'arriverait pour Napoléon le moment des fautes, et pour l'historien le devoir du blâme, il ne faillirait pas à sa tâche. Quand le consulat à vie fait place à l'empire, cette métamorphose est sévèrement blâmée par l'historien, qui, dans le cinquième volume, a consacré quelques pages graves et profondes à l'appréciation de cette transformation nouvelle. Ce jugement porté, M. Thiers reprend son récit, et nous fait assister aux pompes du sacre, à la création des institutions de l'empire, comme si l'empire devait durer toujours. N'est-ce pas le rôle de l'historien ?

Un écrivain moins expérimenté que M. Thiers n'aurait pas résisté à la tentation de tracer un ou plusieurs portraits de Napoléon, comme cela se pratique d'ordinaire pour les personnages historiques ; mais comment peindre définitivement, au milieu de sa carrière, un homme dont la nature est aussi mobile que puissante et qui procède par saillies imprévues ? M. Thiers s'y prend mieux. Dans son histoire, Napoléon agit, se meut, parle ; l'écrivain ne le peint pas, il le donne vivant. C'est le plus grand des hommes, mais sa grandeur n'ôte rien à la réalité. Il est sous nos yeux, avec ses passions, avec sa foudroyante impétuosité, avec cette fécondité inépuisable de plans et de vues qui excite la fois l'admiration et des craintes pour l'avenir. Au point où M. Thiers a conduit son histoire, on tremble déjà que Napoléon ne devienne un jour la tragique victime de lui-même, et cette appréhension n'émeut pas médiocrement le lecteur.

Nous avions grand besoin d'un Napoléon réel, surtout si l'on songe à toutes les fausses images qu'en a successivement données depuis trente ans l'esprit de parti et de système. Sans parler des jugements dictés par une haine allant jusqu'au délire ou par un enthousiasme sans contrepoids, sans parler aussi des sévérités injustes dont ne se firent pas faute quelques personnes éminentes qui avaient à se plaindre de l'empereur, comme Benjamin Constant et Mme de Staël, il faut aujourd'hui, au nom du bon sens, défendre la mémoire et le génie de Napoléon contre les hallucinations d'une petite secte à laquelle un écrivain qui, dans sa langue, est, à ce qu'il parait, un poète de génie, prête malheureusement l'autorité de son nom. S'il faut en croire M. Adam Mickiewicz et ses adeptes,

Napoléon a été sur la terre le continuateur de Jésus-Christ, c'est le magistrat du *Verbe* ; Napoléon portait dans son esprit tout le passé du christianisme, et le réalisait dans sa personne : puissant par la parole comme saint Pierre ou saint Paul, simple et austère dans sa vie comme l'étaient les abbés de l'église primitive, majestueux comme un évêque du moyen-âge. N'oublions pas non plus que Napoléon est l'archétype de l'art nouveau [5]. Quel est donc ce mysticisme exotique qui prétend envahir nos propres annales, et dégrader par de folles imaginations la première figure de notre histoire ? Encore un révélateur qui, pur mieux prouver sa connaissance d'avenir, déraisonne sur le passé.

Ce qui a souvent égaré ceux qui ont contemplé Napoléon avec la prétention de le juger et de le peindre, c'est que cette grande nature est double : il y a l'homme politique, il y a le héros. On pourrait dire de Napoléon la même chose que d'Alexandre, qu'il est à la fois le fils de Philippe et le fils de Jupiter Or, non-seulement chez Napoléon le héros a perdu le politique, mais aujourd'hui il rend plus difficile l'étude complète de l'homme même. Si Napoléon n'était qu'un politique comme Charles-Quint, Henri IV, le cardinal de Richelieu, il ne serait pas si difficile de le caractériser et de le classer. C'est cette duplicité de nature qui déroute l'observateur. Vous croyez être en face de l'esprit le plus positif ; soudain l'imagination perce, éclate, et le héros domine. Avec un pareil tempérament, on ne conserve pas ce qu'on a conquis, on perd le trône et une tombe parmi les rois, mais aussi on met son nom si haut, que pas un moderne ne peut y atteindre, et, trente ans après sa mort, on a rejoint, dans l'imagination des peuples, les demi-dieux de l'antiquité.

Il est encore pour Napoléon une autre source d'une impérissable popularité, c'est la magnificence de son langage et de son style. César était éloquent, spirituel ; c'était aussi un parfait connaisseur des choses littéraires, et, lorsqu'il parlait de lui-même, c'était avec une mesure du meilleur goût. « Quand je lis les écrits de Brutus, disait-il, je me crois éloquent ; mais, si je lis Cicéron, il me semble que j'ai perdu toute mon éloquence, et que je balbutie comme un enfant. » A cette aimable modestie, il joignait un enjouement et une facilité d'humeur qui lui faisaient oublier jusqu'aux épigrammes de Catulle ; après les avoir lues, il invitait le poète à souper. Napoléon avait plus de sérieux dans son génie ; il n'eût pas pardonné les injures qui eussent été adressées à la dignité de sa personne. Dès les premiers moments, il avait su se soustraire à la familiarité républicaine que le dictateur de Rome était obligé de supporter, et l'on peut dire que cet admirable acteur était constamment en scène, sans distraction, toujours égal à lui-même. Les pages que Napoléon a dictées à ses généraux n'ont à coup sûr rien à craindre d'une comparaison avec les *Commentaires* ; mais, outre ses écrits militaires, que dire de ses harangues aux soldats, de ses conversations politiques, de ses improvisations au sein du conseil d'état ? Sur le rocher de Sainte-Hélène, quels admirables monologues ! Il a auprès de lui un homme dévoué qui recueille précieusement ses paroles ; il ne l'ignore pas ; il sait bien et l'on s'aperçoit, en lisant le *Mémorial*, qu'il cause pour l'Europe, pour la postérité, et, comme cette idée l'excite, il est inépuisable en aperçus, en développements. Sur combien de choses il se montre nouveau, éloquent, lui enfin ! Nous avons donc affaire ici à un grand artiste de pensées et de paroles, et M. Thiers a su tirer un merveilleux parti, non-seulement de ce que Napoléon a fait, mais de ce qu'il a dit. L'habile industrie avec laquelle il place dans son livre ce qui est sorti de plus grand de la plume et de la bouche du premier consul, de l'empereur, donne à son histoire une physionomie antique, tout en en confirmant la vérité.

Si de Napoléon nous allons aux choses principales que contient le livre de M. Thiers, nous trouvons les affaires de la religion traitées d'une manière vraiment politique. Nous ne nous étions pas trompé en prévoyant quelle sensation profonde devait exciter le troisième volume où est raconté le concordat. On a surtout remarqué la hauteur et la fermeté de vues avec lesquelles était abordé et résolu le problème religieux. Là comme ailleurs, M. Thiers ne s'est pas mépris sur les obligations et le véritable génie de l'histoire. Pour l'homme politique, pour l'historien, la religion est surtout un fait puissant, indestructible, qui a ses racines et ses raisons dans le cœur de l'homme, et qui est une des conditions nécessaires de la société. Que le philosophe scrute les dogmes, qu'il en compare les détails avec les principes métaphysiques, qu'il contrôle la religion par la science, c'est son office, c'est son droit. L'homme d'état et l'historien ont d'autres soins et d'autres vues ;

ils ne pèsent pas tant la vérité absolue des religions que leur utilité sociale, et, sans dévotion comme sans hypocrisie, ils ont pour le culte un sérieux respect, parce qu'ils sont convaincus de cette vérité, si bien exprimée par M. de Fontanes, que *toutes les pensées irréligieuses sont des pensées impolitiques.*

On doit mettre au nombre des prospérités de la religion catholique sa disparition d'un moment au milieu de la tempête de 1793. Elle a pu se perpétuer, grâce à cette ruine d'un jour. En effet, quand Napoléon l'a rétablie, elle a reparu sans le triste cortège des privilèges, des abus et des scandales de l'ancien régime. Tout avait péri avec ce régime, tout, hormis ce qui restait de vertu intrinsèque au christianisme. Napoléon comprit les besoins intimes du peuple français, et l'avenir qui était encore réservé à la religion catholique ; aussi, d'une main ferme il releva la croix. Ceux qui alors et depuis cette époque ont déploré les malheurs du clergé, dépouillé de ses propriétés et de ses antiques prérogatives comme premier ordre de l'état, ont montré plus d'attache aux biens de la terre que d'intelligence des intérêts moraux de la religion. Contre ce qu'elle a perdu, l'église a gagné une puissance nouvelle, elle a fait un pacte avec le génie de la révolution française, et il dépend d'elle qu'il soit durable Il est dans l'esprit de notre siècle de vouloir que la science et la pensée se donnent toute carrière, sans troubler inutilement les anciennes croyances. Cette sage et large manière d'apprécier les rapports des choses n'est méconnue que par quelques cerveaux échauffés et faibles.

Le cinquième volume de M. Thiers contient des pages nobles et touchantes sur l'arrivée de Pie VII en France, quand ce pontife passa les monts pour sacrer le nouvel empereur. Les appréhensions du vénérable vieillard qui craignait de trouver en France des regards hostiles, des fronts impies, la sécurité qui renaît peu a peu dans son âme, des populations qui tombent à ses genoux, tout cela est peint avec une sorte de sensibilité grave et douce. M. de Fontanes mérite vraiment l'honneur que lui a fait l'historien du consulat et de l'empire d'insérer dans ses pages la harangue que celui-ci adressa au pape. La parole de M. de Fontanes s'éleva à toute la hauteur de cette grande réconciliation du sacerdoce et de l'empire. Au milieu du silence de la tribune, le nouveau César avait trouvé un orateur qui n'était pas un des moins brillants ornements de sa dictature.

Comment soupçonner M. Thiers de ne point aimer le gouvernement représentatif ? On a toujours de l'attachement et de la reconnaissance pour les institutions au service desquelles on s'est illustré ; mais il est possible d'aimer le régime constitutionnel sans avoir ce pédantisme étroit qui, en dehors des formes de ce régime ; n'admet ni liberté ni bien moral. Il a été excellent qu'avant l'établissement définitif et la pratique sérieuse du gouvernement représentatif, la France ait vécu quelque temps sous une forte main qui a su tout organiser avec une rapidité invincible. Les erreurs, inévitables alors, dans lesquelles était tombée, en matière d'administration, l'assemblée constituante, furent redressées par le gouvernement consulaire, qui, de plus, ajouta des développements puissants à l'œuvre de 1789. La centralisation, ce palladium de la France, poussa des racines plus profondes encore, et prit des accroissements nouveaux. Tout ce travail, qui ne pouvait s'accomplir qu'à l'ombre d'un pouvoir tutélaire, a été exposé par M. Thiers en homme qui a su garder une indépendance complète d'esprit, et en même temps mettre à profit pour l'histoire toute l'expérience d'une longue vie politique. L'organisation administrative et financière de la France, sous le consulat et l'empire, n'avait jamais été décrite telle qu'on la trouve dans le livre de M. Thiers. Pour ne citer qu'un exemple, nous signalerons dans le cinquième volume la création des contributions indirectes, dont parle l'historien avec des connaissances pratiques acquises au milieu des affaires. Il nous montre Napoléon opposant, au sein du conseil d'état, à la théorie de l'impôt unique reposant exclusivement sur la terre la théorie simple et vraie de l'impôt habilement diversifié, reposant à la fois sur toutes les propriétés et toutes les industries. Sur ce point, la conviction de Napoléon était si forte, qu'il ne craignit pas, au moment où il montait au trône, de rétablir, sous le nom de droits réunis, ce que M. Thiers appelle le plus impopulaire, mais le plus utile des impôts. Au surplus, la théorie de l'impôt unique, si chère au XVIIIe siècle, a été convaincue d'erreur par le témoignage irrécusable des faits. Elle était née des plus généreuses intentions, et c'est Vauban qui, plus encore que Boisguilbert, en eut l'initiative sous la vieillesse de Louis XIV. « Patriote comme il l'était, dit Saint-Simon dans ses mémoires [6], Vauban avait été toute sa vie touché de la misère du peuple et de toutes les vexations qu'il souffrait. » L'illustre maréchal avait donc imaginé un système nouveau ; il abolissait tous les impôts, et il en établissait un seul, qu'il appelait la dîme royale. Qu'arriva-t-il ? Les ministres accueillirent avec colère une telle invention, Louis XIV ne voulut plus voir Vauban, qui désormais n'était à ses yeux qu'une sorte de criminel d'état. Mais voici quelque chose de plus imprévu, c'est qu'on prit au nouveau système l'idée même de la dîme, et qu'on imposa cette dîme sur les biens de tout genre, en sus de tous les autres impôts. « Qui aurait dit au maréchal de Vauban, s'écrie Saint-Simon, que tous ses travaux pour le soulagement de tout ce qui habite la France auraient uniquement servi et abouti à un nouvel impôt de surcroît, plus dur, plus permanent et plus cher que tous les autres ? C'est une terrible leçon pour arrêter les meilleures propositions en fait d'impôts et de finances. » Nous ajouterons que c'est un de ces crimes qu'une tardive justice a punis à un siècle de distance par une l'évolution sociale.

Sans nous arrêter sur la partie militaire de l'*Histoire du Consulat et de l'Empire*, dont les mérites ont été si généralement reconnus, comment ne pas relever, dans le quatrième et le cinquième volume, la description du camp de Boulogne, la peinture des immenses préparatifs de Napoléon, tant dans leur ensemble que dans leurs détails, la critique raisonnée de toutes ses combinaisons pour amener une flotte française dans la Manche au moment décisif de la descente en Angleterre ? Tout cela est nouveau, en ce sens que jamais le dessein de Napoléon de joindre et d'abattre la puissance britannique dans Londres même n'avait été si positivement établi. On assiste à toutes les préoccupations de l'empereur, à sa correspondance, à ses entretiens avec ses ministres et ses amiraux, à sa longue attente sur la plage de Boulogne, enfin à sa colère, à sa douleur, quand il apprend que l'inexplicable entrée de Villeneuve dans le port de Cadix a détruit toutes ses espérances. Tout à coup cependant Napoléon se calme et se met à dicter à M. Daru le plan de la campagne d'Austerlitz. Il est impossible d'oublier ces choses après les avoir lues ; elles restent ineffaçables dans la mémoire, dans la pensée. Ce dessein que Napoléon n'a pu exécuter sera placé désormais à côté des plus grandes entreprises qu'il ait accomplies,

Eugène Lerminier

tant sa volonté jusqu'au dernier moment a lutté contre la fortune !

On s'explique les soins que devait prendre l'Angleterre pour fomenter en Europe une coalition. Jamais, dans sa longue rivalité contre nous, elle n'avait couru un aussi grand danger, parce que jamais la puissance française n'avait été conduite avec autant de génie. Les hommes d'état qui dirigeaient les affaires de la Grande-Bretagne devaient vouloir à tout prix créer une diversion, formidable qui retînt Napoléon sur le continent, et, par une coïncidence pour eux fort heureuse, il se trouva que la Russie, par de tout autres motifs que ceux qui animaient l'Angleterre, était disposée à se prêter à ses desseins. Toutes les circonstances diplomatiques qui précédèrent l'explosion de la troisième coalition sont racontées, dans le cinquième volume de M. Thiers, avec des détails nouveaux et piquants. Il y avait alors auprès des jeunes ministres de l'empereur Alexandre, auprès du prince Czartoryski et de MM. de Strogonoff et de Nowosiltzoff, un de ces aventuriers doués quelquefois de facultés éminentes, qui, dans une situation subalterne conçoivent des plans qui ne sont pas toujours méprisables. Un abbé Piatoli, qui de Pologne avait passé en Courlande et de Courlande en Russie, avait imaginé un plan d'arbitrage et d'équilibre européen qu'il avait intitulé *alliance de médiation*. Dans ce plan qu'il était parvenu à faire goûter au prince Czartoryski, la Russie jouait le rôle de puissance désintéressée et pacificatrice. Tous les états européens, sauf la France, partageant leurs forces en trois grandes masses, formaient une sorte de congrès ; les conditions qui nous étaient imposées devaient être celles des traités de Lunéville et d'Amiens, mais avec un commentaire nouveau donné par ce congrès. Si la France refusait ces conditions, on lui ferait la guerre ; si cette guerre, n'était qu'à moitié, heureuse pour l'Europe coalisée, on devait se contenter d'enlever à la France ses possessions en Italie et la Belgique ; si la guerre réussissait tout-à-fait, l'Europe retrancherait de l'empire français les provinces rhénanes, elle appellerait, elle établirait sur les bords du Rhin la Prusse, à laquelle elle créerait ainsi un éternel antagonisme contre la France. Ce plan, avec des détails et des amendements qu'il faut aller chercher dans notre historien, fut soumis à Pitt. On peut juger de sa joie à une pareille ouverture. M. Thiers a peint avec beaucoup de finesse la déférence affectée de Pitt pour les jeunes diplomates, MM. de Strogonoff et de Nowosiltzoff, que lui envoyait l'empereur Alexandre. Pitt consentit presque à être gourmandé, il se laissa reprocher l'ambition de l'Angleterre ; le plus positif des hommes d'état eut l'air d'admirer des idées chimériques. N'est-ce pas là le haut comique de l'histoire ?

Tout cependant n'était pas chimérique dans les projets de l'abbé Piatoli, car, dix ans plus tard, quand la fortune nous eut abandonnés, plusieurs données de ce plan servirent de base aux traités de 1815. Au surplus, à cette époque funeste, il y eut de la part d'un cabinet plus de malveillance pour la France que du côté de la Russie et d l'Angleterre. Dans une compilation de pièces historiques et littéraires publiée à Berlin il y a quelques années [7], nous trouvons qu'en 1815 un docteur Wilhelm Butte fit imprimer un écrit sous ce titre : *Conditions nécessaires d'une paix avec la France. Cri de l'opinion publique.* Ces conditions étaient, entre autres, d'ôter à la France l'Alsace, la Lorraine, Metz, Toul et Verdun, de donner au royaume des Pays-Bas Lille et Valenciennes, de détruire tous les monuments, de changer toutes les dénominations qui attestaient les victoires des Français, d'occuper la France pendant un temps illimité. Le docteur envoya son livre au prince de Hardenberg, qui dit au conseiller Stageman : « C'est presque littéralement les conditions de la paix avec la France que j'avais exposées dans la commission, et cependant je n'en ai rien communiqué à l'auteur ; ni de bouche ni par écrit. » Ce n'est pas tout : le prince écrivit au docteur une lettre de remerciement, dans laquelle il lui donna l'assurance que ce n'était pas la faute de la Prusse si ces conditions n'avaient pas prévalu ; mais la Prusse, épuisée d'hommes et de moyens, n'avait pu emporter une pareille question contre l'Europe : elle a dû sacrifier ses convictions les plus intimes à l'union avec ses alliés et au repos de ses peuples. — Il y a, dans cette résistance de l'Europe aux passions d'un cabinet alors plus irrité que les autres, comme une solennelle reconnaissance de la place nécessaire que la France occupe dans le monde. Trente ans sont écoulés, et l'Allemagne elle-même peut juger aujourd'hui s'il était de son intérêt de partager, de mutiler le peuple qui lui a donné l'exemple et le goût de la liberté constitutionnelle.

Mais, à la fin du cinquième volume de M. Thiers, nous sommes loin des tristes conjonctures de 1815. L'historien nous laisse au

Eugène Lerminier

milieu des plus glorieuses prospérités et à la veille d'Austerlitz. Napoléon a été cinq ans consul ; désormais ce sera comme empereur qu'il gouvernera la France. Dès aujourd'hui M. Thiers est l'historien complet de ce consulat illustre ; il y a consacré cinq volumes sur lesquels il est possible de résumer un jugement général.

Nous voudrions, avant tout, vider une question préliminaire, et savoir précisément ce qu'il faut penser d'un mérite que nul ne conteste à l'*Histoire du Consulat et de l'Empire*, le mérite de la clarté. Même en insistant sur cet éloge, quelques personnes se sont flattées d'avoir été très méchantes. C'est donc chose convenue, la clarté est une des qualités principales de M. Thiers. Mais à quel prix est-on clair dans un sujet immense ? A quelles conditions ? Au prix de la méditation la plus profonde, aux conditions d'une supériorité véritable et d'une grande force dans l'esprit. Tomber d'accord que notre historien est souverainement clair dans les détails les plus déliés comme dans les grandes proportions de son récit, c'est lui accorder qu'à travers une œuvre non moins difficile que vaste il a toujours été maître de ses matériaux, de ses idées, qu'il n'a jamais eu le regard ébloui, obscurci, ni la main fatigué. Est-là ce qu'ont voulu dire tous ceux qui ont parlé de la clarté de M. Thiers ?

L'histoire a des règles certaines, et en même temps tout esprit supérieur qui l'aborde y porte son originalité. Quand elle est traitée par des hommes d'un certain ordre, on est sûr qu'elle ne sera ni une apologie, ni une satire, ni une prédication. Voilà pour l'absence des défauts, de ces défauts qui ne se pardonnent point, parce qu'ils altèrent la nature, l'essence même du genre et de l'art historique. A l'abri de ces tentations, qui ne sont à craindre, au reste, que pour les talents médiocres, un esprit supérieur se montrera franchement dans l'histoire tel qu'il est dans la vie et dans la politique. Loin de n'y produire ses facultés, ses qualités, que d'une manière timide, il les appliquera, au contraire, à la penture du passé avec une liberté vigoureuse. Qui pourrait prétendre qu'il n'y a qu'une manière d'écrire l'histoire ? il y a autant de façons de la traiter que d'esprits puissants qui se sentiront faits pour elle. Dans le champ des annales romaines, que de génies divers se sont déployés ! En voici un qui, ardent émule des Grecs, aspire surtout à se montrer merveilleux artiste, et nous laisse des récits d'une immortelle brièveté. Après Salluste vient Tite-Live, qui, par l'ampleur de ses narrations, semble vouloir égaler l'immensité des choses romaines, ne rien omettre, et livrer aux politiques et aux penseurs à venir tous les moyens de comprendre et d'expliquer la grandeur de la république. Cependant, avant Tite-Live, un Grec, ami du second Scipion, avait voulu trouver lui-même les raisons de cette grandeur. Le dessein qui met entre les mains de Polybe la plume de l'histoire est de prouver que Rome ne devait pas ses prospérités incomparables à une aveugle fatalité. Enfin, au milieu des empereurs romains et presque sur le seuil de l'Europe moderne se tient Tacite, peintre sévère et sublime, accusateur terrible d'un monde qui devait bientôt s'écrouler. N'oublions pas toutefois que Napoléon se défiait de Tacite, de cette imagination si sombre et si vive, sous l'empire de laquelle certains coups de pinceau n'ont été peut-être qu'une éloquente calomnie.

Notre amour-propre, à nous autres modernes, nous persuade volontiers qu'en mainte chose nous sommes tout-à-fait nouveaux. Néanmoins il est rare que, lorsqu'un talent moderne est fortement trempé, un examen attentif ne vous révèle quelque analogie avec un talent ou un caractère de l'antiquité ; c'est la nature humaine qui se ressemble à elle-même. Pour nous, il nous a été impossible de lire et de relire l'*Histoire du Consulat et de l'Empire* sans songer à Polybe. Ce n'a pas été un de ces rapprochements fugitifs qui laissent peu de traces dans l'esprit ; non, l'impression a été durable, et j'en voudrais donner les raisons. Quel est le vrai caractère de Polybe comme historien ? Sur ce point important, nous sommes heureux de laisser parler un juge souverain en matière historique. Dans un de ses jugements si substantiels et si vrais sur tout ce qui concerne Rome, Jean de Müller, après nous avoir montré Polybe doué du plus juste coup d'œil, n'ayant rien épargné pour acquérir la plus exacte connaissance des lieux, des divers théâtres de l'histoire, et sachant apprécier avec la plus complète impartialité les diverses constitutions des peuples, termine ainsi : « Ne demandez à Polybe ni l'art d'Hérodote, ni la force de Thucydide, ni la concision de Xénophon ; Polybe est un homme d'état, qui, toujours plein de son sujet, et sans chercher à plaire aux lettres, écrit pour les hommes d'état : ce qui le caractérise, c'est l'intelligence [8]. » Que M. Thiers

Eugène Lerminier

y ait plus ou moins songé, que ce soit étude d'un grand modèle ou naturelle ressemblance, son livre présente, avec ce qui nous reste de Polybe, de frappantes affinités, car le récit et la discussion politique s'y trouvent combinés de manière à fortement instruire le lecteur, tout en le provoquant à raisonner lui-même sur les faits qu'il apprend.

Si nous étudions de plus près la manière de l'historien du consulat et de l'empire, l'ordonnance de ce vaste ouvrage décèle vraiment un artiste. Nous ne parlons pas encore de l'exécution, mais de la conception de l'ensemble, de la distribution des grandes masses du récit, de cette économie lumineuse qui élève aux séduisantes proportions de l'art un sujet aussi sérieux et aussi compliqué. Il serait d'un étrange aveuglement ou d'une injustice passionnée de méconnaître, de nier la puissance de composition qui a su donner l'harmonie et l'unité à ce vaste assemblage de faits et d'idées, à cette grande construction historique. Maintenant, le style même est-il à la hauteur de cette belle et savante méthode ? Un jour, dans sa correspondance, Voltaire s'exprimait avec beaucoup d'aigreur sur le compte de Montesquieu ; il ne pouvait lui pardonner d'avoir cherché, dans les *Lettres persanes*, à rabaisser les poètes, et disait qu'il avait voulu renverser un trône où il sentait qu'il ne pouvait s'asseoir. Toutefois, au milieu de ses reproches et de ses griefs, Voltaire ne pouvait s'empêcher de s'écrier : « Il est vrai que Montesquieu a quelquefois beaucoup d'imagination dans l'expression ; c'est, à mon sens, son principal mérite. » Il y a encore de l'humeur dans cet éloge que la vérité arrache à Voltaire ; il sentait intérieurement que cette *imagination, dans l'expression*, qu'il était obligé de reconnaître à Montesquieu, lui manquait. Elle ne manque pas moins à M. Thiers, sur l'esprit duquel le génie et l'école de M. de Châteaubriand n'ont exercé aucune influence. Le style de M. Thiers est simple, clair, large et positif. De plus, il a du mouvement, non le mouvement du poète et de l'orateur que produit l'imagination mise en branle ou l'ardeur des passions, mais ce mouvement qui convient à l'histoire, parce qu'il est l'expression vraie du fond et de l'enchaînement des choses. Voilà les qualités principales du style de notre historien ; en voici les inconvénients et les défauts. Parfois les développements de l'*Histoire du Consulat et de l'Empire* ont plutôt la physionomie d'une improvisation rapide que d'une œuvre mûrement élaborée ; c'est que M. Thiers a immensément médité sur les choses, et très peu sur les mots. Son talent d'écrire, qui est des plus éminents, est plutôt d'instinct que de réflexion. Le spectacle, que sa belle intelligence se donne à elle-même, des choses et des faits le préoccupe uniquement, l'absorbe, l'emporte, et il perd tout souci de l'arrangement des mots et des phrases. De là les incorrections et les négligences qu'on a remarquées, surtout dans les premiers volumes, et que nous sommes loin de considérer comme des minuties indignes d'attention. Heureusement une révision vigilante peut, sans altérer le fond, faire disparaître ces défauts dans la forme. Nous relèverons aussi quelques répétitions et certains résumés, dont le récit historique n'a pas besoin. Ici l'écrivain a gardé quelque chose des habitudes de l'orateur. C'est au milieu de l'histoire comme une trace de la tribune qu'il est aisé d'effacer.

Puisque nous en sommes aux critiques, nous reviendrons sur le fond avant de terminer pour dire un mot de l'Angleterre, ou plutôt de la manière dont en parle l'historien du consulat et de l'empire. Il n'a pas été nécessaire à M. Thiers de se faire violence afin de rester digne et juste en appréciant la nation anglaise et l'ardeur de ses inimitiés contre nous au commencement de ce siècle. Il lui est facile de montrer une équitable estime pour les actes et les hommes qui honorent véritablement la puissance britannique, notamment pour Nelson, dont il loue sans détour l'infatigable audace. Mais il est un autre ennemi de la France non moins illustre, non moins opiniâtre, dont M. Thiers n'a pas accusé assez fortement la physionomie politique ; nous voulons parler de Pitt : c'est un portrait qui lui reste à tracer. Nous espérons aussi trouver plus tard dans l'*Histoire du Consulat et de l'Empire* quelques pages où l'Angleterre, l'originalité de son génie, l'étendue de sa puissance, soient profondément caractérisées. Les occasions ne manqueront pas à l'historien, car à la fin du cinquième volume ce duel formidable qui doit durer dix ans entre l'Angleterre et Napoléon n'est qu'à son début, il sera bien plus sérieusement engagé à l'époque du fameux décret de Berlin sur le blocus continental. Au surplus, pour nous contenter, M. Thiers n'a qu'à être fidèle à sa propre méthode, en consacrant à propos à l'Angleterre une excursion historique semblable à celles qu'il a si bien faites sur constitution de l'Allemagne et sur les affaires de la Suisse. Et cela importe d'autant plus que l'*Histoire du Consulat et de l'Empire* doit produire une impression plus vive sur les hommes politiques de la Grande-Bretagne. Nous nous préoccupons fort peu des injures adressées à M. Thiers par certains organes de la presse anglaise, mais nous désirons que les hommes d'état de l'Angleterre ne puissent sans injustice refuser de rendre hommage à la grave impartialité de l'historien français.

L'apparition du livre de M. Thiers, livre qui n'est pas moins européen que national, est un des traits caractéristiques de notre temps. Les époques pacifiques, l'histoire est là pour nous l'apprendre, se plaisent au récit des temps de gloire et de guerre ; c'est pour elles un plaisir de plus. L'historien, l'homme d'état auquel nous devons ces nobles émotions, a pensé sans doute qu'elles pouvaient aussi être fécondes en utiles enseignements pour l'Europe comme pour la France. En effet, par le spectacle de toutes ces luttes dans le passé, de toutes ces coalitions, de tous ces prodiges, de tous ces excès de la gloire, on est ramené nécessairement au respect du droit, au respect de toutes les nationalités qui constituent la république européenne. Puisque ni Napoléon n'a pu asservir l'Europe, ni la paix, une paix digne pour tous, utile à tous, nous est donc indiquée comme la seule solution possible par ce passé même si tumultueux et si militaire. C'est une grande leçon politique que le livre de M. Thiers, leçon donnée à tous avec courage comme avec modération. Oui, M. Thiers a le courage de l'historien, mais dans les limites qu'il s'est tracées lui-même. Il y avait quelque simplicité à espérer qu'il irait se briser contre les écueils où il était attendu. D'un autre côté, ce n'est pas un des moindres mérites de son ouvrage que d'avoir déplu à toutes les opinions extrêmes : nous n'allons pas si loin que Bayle, qui prétend que la perfection d'une histoire est d'être désagréable à toutes les sectes et à toutes les nations ; mais il y a des partis et des écoles qu'une histoire vraiment digne de ce nom doit nécessairement irriter, puisqu'elle oppose à leurs passions et à leurs erreurs l'expérience du genre humain. Enfin, dans l'intérêt si cher à ce recueil de la saine et grande littérature : et en face de toutes ces œuvres dites d'imagination qui nous attristent aujourd'hui par leur volumineuse décadence, il est heureux que nous devions à la muse sévère de l'histoire politique un livre grave, solide et puissant, qui, malgré ses défauts, vivra par la grandeur de l'ensemble et la vérité des choses.

Notes

1.   Polybii historiar. Lib. II, p. 349, 350, t. I ; édit. Schweighoeuser, 1789.

2.   Histoire des Cabinets de l'Europe pendant le Consulat et l'Empire, écrite avec les documents réunis aux archives des affaires étrangères, 1800-1815 ; chez Gosselin.

3.   Annalium, lib. III, cap. 28.

4.   Pensées, Essais et Maximes de J. Joubert, t. II, p. 265, 266.

5.   Toutes ces belles choses se trouvent dans l'Église et le Messie, par Adam Mickiewicz.

6.   Mémoires du duc de Saint-Simon, t. V, p. 284 à 292 ; édition de 1829.

7.   Denkschriften ud Briefe zur Characteristik der Welt und Literatur, t. VI, Berlin, 1841.

8.   Vier und zwanzig Bücher Allgemeiner Geschichten, V Buch, Kap. II.

ISBN : 978-1976474521

Eugène Lerminier